PLANETA ANIMAL

EL ARMADILLO

POR KATE RIGGS

CREATIVE EDUCATION • CREATIVE PAPERBACKS

Publicado por Creative Education
y Creative Paperbacks
P.O. Box 227, Mankato, Minnesota 56002
Creative Education y Creative Paperbacks son marcas
editoriales de The Creative Company
www.thecreativecompany.us

Diseño de The Design Lab
Producción de Rachel Klimpel
Editado de Alissa Thielges
Dirección de arte de Rita Marshall
Traducción de TRAVOD, www.travod.com

Fotografías de Alamy (Nature Picture Library, Science History Images, Zoonar GmbH), Biosphoto (Daniel Heuclin), Corbis (Claus Meyer), Depositphotos (lifeonwhite), Dreamstime (Eastmanphoto), Getty (Kevin Schafer), Minden Pictures (Heidi and Hans-Juergen Koch, Pete Oxford), National Geographic Creative (BIANCA LAVIES), Science Source (NHPA/Photoshot), Shutterstock (MyImages – Micha, Heiko Kiera), Unsplash (Suzanne D. Williams)

Library of Congress Cataloging-in-Publication Data
Names: Riggs, Kate, author.
Title: El armadillo / by Kate Riggs.
Other titles: Armadillos. Spanish
Description: Mankato, Minnesota: Creative Education/ Creative Paperbacks, [2023] | Series: Amazing animals | Includes index. | Audience: Ages 6–9 | Audience: Grades 2–3
Identifiers: LCCN 2022007720 (print) | ISBN 9781640265820 (library binding) | ISBN 9781682771372 (paperback) | ISBN 9781640007017 (ebook)
Subjects: LCSH: Armadillos—Juvenile literature. | Nine-banded armadillo—Juvenile literature.
Classification: LCC QL737.E23 R54318 2023 (print) | DDC 599.3/12—dc23/eng/20220218
LC record available at https://lccn.loc.gov/2022007720
LC ebook record available at https://lccn.loc.gov/2022007721

Tabla de contenidos

El armadillo de nueve bandas es el armadillo más común.

El armadillo es un **mamífero** de Sudamérica. Existen 21 tipos de armadillos. Solo uno vive en Norteamérica. Es el armadillo de nueve bandas.

mamíferos animales de sangre caliente que tienen columna vertebral

Los 3 tipos de armadillos peludos tienen hasta 18 bandas.

El armadillo tiene un **caparazón** como protección. Hay unas 2.000 placas cubriendo este hueso. Bandas hechas de piel conectan las partes del caparazón.

caparazón la coraza dura y ósea que protege el cuerpo del armadillo

El armadillo duerme hasta 16 horas en su madriguera.

Las patas del armadillo son cortas y fuertes. Usa las garras filosas de sus patas para cavar. Los armadillos cavan madrigueras. Pasan la mayor parte del tiempo dormidos bajo tierra.

madrigueras hoyos o túneles cavados en la tierra para ser usados como casa

El armadillo gigante mide unos tres pies (0,9 m) de largo. Pesa entre 70 y 110 libras (32 a 50 kg). La mayoría de los armadillos pesan entre 3 y 11 libras (1,4 a 5 kg). Los tipos más pequeños pesan casi lo mismo que una pelota de béisbol.

Los armadillos gigantes pueden vivir entre 12 y 15 años en la naturaleza.

Al igual que su pariente, el oso hormiguero, el armadillo tiene una lengua larga.

Los armadillos usan sus garras para cavar en busca de alimento. Los armadillos comen **insectos**, arañas y escorpiones. Pueden oler a las termitas dentro de un montículo. Usan sus lenguas pegajosas para atrapar su comida.

insectos animales pequeños con el cuerpo dividido en tres partes y seis patas

Los caparazones de los recién nacidos son blandos los primeros días o semanas.

La hembra cava una madriguera especial. Allí, da a luz entre una y tres **crías**. Las crías del armadillo de nueve bandas nacen con los ojos abiertos. Son más o menos del tamaño de una barra de mantequilla. Todas las crías permanecen en la madriguera durante por lo menos un mes.

crías armadillos bebés

Después de dos a cinco meses, los jóvenes armadillos abandonan a sus madres. Buscan comida por sí solos. No pueden ver bien. Pero su sentido del olfato es fuerte.

Los armadillos dejarán que su olfato los guíe casi a cualquier parte.

Los armadillos de tres bandas pueden enrollarse incluso más apretadamente para pellizcar a su depredador.

La mayoría de los armadillos son **nocturnos**. Oyen si hay jaguares, serpientes y otros depredadores. Algunos armadillos hacen sonidos fuertes como chillidos. Dos tipos de armadillos se enrollan hasta hacerse bola para mantenerse a salvo.

nocturnos animales que están activos durante la noche

Los armadillos son animales tímidos. La gente trata de estudiarlos en la naturaleza. En Texas, puedes verlos en muchos lugares. ¡Este animal con armadura es singular!

Algunos tipos de armadillos tienen pelo que cubre todo su cuerpo.

Un cuento del armadillo

En Sudamérica, se cuenta una historia sobre un armadillo que era musical. Al armadillo le encantaba la música. Deseaba poder cantar como las ranas y los grillos. Un músico le dijo al armadillo que su deseo se haría realidad. Pero el armadillo tendría que esperar mucho tiempo. Después de que el armadillo viviera una larga y feliz vida, murió. El músico convirtió su caparazón en un bello instrumento. Finalmente, el armadillo pudo cantar.

Índice